www.ingramcontent.com/pod-product-compliance
Lightning Source LLC
Chambersburg PA
CBHW081014040426
42444CB00014B/3201
* 9 7 8 1 9 3 9 0 9 9 1 2 9 *

بیایید فعل های فارسی بیاموزیم

(تمرین های کمک درسی)

Let's Learn Persian Verbs

A Farsi Activity Book

Bahar Books

www.baharbooks.com

Mirsadeghi, Nazanin
    Let's Learn Persian Verbs: A Farsi Activity Book / Nazanin Mirsadeghi

This book remains the property of the publisher and copyright holder, Bahar Books, LLC.
All rights reserved under International Copyright Conventions.
No part of this book may be used, distributed or reproduced in any forms or by any means without the prior written permission of the publisher.

ISBN-13: 978-1939099129
ISBN-10: 1939099129

Copyright © 2012 by Bahar Books, LLC

Published by Bahar Books, White Plains, New York

بیایید کلمه های فارسی بیاموزیم

Let's Learn Persian Words

سخنی با خوانندگان فارسی زبان ،

یکی از مشکلات آموزش زبان فارسی به کودکانی که فارسی را به عنوان زبان دوّم می آموزند ، دسترسی نداشتن به کتاب های کمک درسی ای ست که برای این دسته از دانش آموزان طرح - ریزی شده باشند.

هدف اصلی "مجموعه کمک درسی" فراهم آوردن تمرین هایی ست که با کتاب های آموزش زبان فارسی دوره ابتدایی هماهنگی داشته و در ضمن با کمک گیری از بازی ها و جدول ها، یادگیری مطالب تازه را برای دانش آموزان ساده تر کنند.

این کتاب و سایر کتاب های این مجموعه می توانند به عنوان تمرینات اضافه در کنار کتاب های اصلی آموزش زبان فارسی توسط آموزگاران و پدران و مادران دانش آموزان مورد استفاده قرار گیرند.

نازنین میرصادقی

To English-speaking readers ...

The contents of activity books in this series have been designed for students of Iranian Heritage who are learning Persian as a second language in a classroom. These activity books could be used as a supplement to the *Elementary Persian Language* textbooks which are the main resource used in most Persian schools outside Iran. This activity book consists of fifteen verbs and their conjucations in the Present, Past and Future tenses.

If you are learning Persian on your own, you should be familiar with the Persian alphabet and be able to read the Persian script prior to using these workbooks. These practical activity books could provide you with fun and effective ways to expand your reading and writing vocabulary through a variety of activities such as puzzles, word searches and matching exercises.

Nazanin Mirsadeghi

Pronunciation Guide for the Persian Letters

aa like the "a" in arm	* آ- ا
b like the "b" in boy	ب - بـ
p like the "p" in play	پ - پـ
t like the "t" in tree	ت - تـ
s like the "s" in sun	ث - ثـ
j like the "j" in jam	ج - جـ
ch like the "ch" in child	چ - چـ
h like the "h" in hotel	ح - حـ
ǩ like "ch" in the German word *bach*, or Hebrew word *smach*.	خ - خـ
d like the "d" in door	د
z like the "z" in zebra	ذ
r like the "r" in rabbit	ر
z like the "z" in zebra	ز
ž like the "z" in zwago	ژ
s like the "s" in sun	س - سـ
sh like the "sh" in shell	ش - شـ
s like the "s" in sun	ص - صـ
z like the "z" in zebra	ض - ضـ
t like the "t" in tree	ط
z like the "z" in zebra	ظ

ʻ is a glottal stop, like between the syllables of "uh-oh"	ع - ﻋ - ﻊ
ğ like the "r" in French word *merci*	غ - ﻏ - ﻎ
f like the "f" in fall	ف - ﻓ
ğ like the "r" in French word *merci*	ق - ﻗ
k like the "k" in kite	ک - ﮐ
g like the "g" in game	گ - ﮔ
l like the "l" in lost	ل - ﻟ
m like the "m" in master	م - ﻣ
n like the "n" in night	ن - ﻧ
v like the "v" in van	و
o like the "o" in ocean	و
On some occasions, it has no sound and becomes silent.	و
oo like the "oo" in good	* او - و
h like the "h" in hotel	ه - ﻬ - ﻫ - ﻪ
e like the "e" in element	ه - ﻪ
y like the "y" in yellow	ي - ی
ee like the "ee" in need	* ايـ - ﻳـ - ی - ای

* long vowels

It represents doubled consonants.	ّ

a like the **"a"** in **a**nimal	** أَ ـَ
o like the **"o"** in **o**cean	** أُ ـُ
e like the **"e"** in **e**lement	** إِ ـِ

** short vowels

Persian Letters with the Same Pronunciation

t like the **"t"** in **t**ree	تـ - ت
	ط
ğ like the **"r"** in French word *merci*	قـ - ق
	غـ - ـغـ - غ
h like the **"h"** in **h**otel	حـ - ح
	هـ - ـهـ - ـه - ه
s like the **"s"** in **s**un	ثـ - ث
	سـ - س
	صـ - ص
z like the **"z"** in **z**ebra	ذ
	ز
	ض
	ظ

Names Given to the Persian Letters

alef	آ - ا
be	ب - بـ
pe	پ - پـ
te	ت - تـ
se	ث - ثـ
jeem	ج - جـ
che	چ - چـ
he	ح - حـ
ǩe	خ - خـ
daal	د
zaal	ذ
re	ر
ze	ز
že	ژ
seen	س - سـ
sheen	ش - شـ
saad	ص - صـ
zaad	ض - ضـ
taa	ط
zaa	ظ

eyn	ع - ـعـ - ع
ğeyn	غـ - ـغـ - غ
fe	فـ - ف
ğaaf	قـ - ق
kaaf	کـ - ک
gaaf	گـ - گ
laam	لـ - ل
meem	مـ - م
noon	نـ - ن
vaav	و
he	هـ - ـهـ - ـه - ه
ye	یـ - ی

1

✪LEARN THESE VERBS.✪

این فعل ها را بیاموز.

TO PLANT = کاشتَن

(kaash.tan)

TO WATER = آب دادَن

(aab- daa.dan)

TO WALK = قَدَم زَدَن

(ğa.dam- za.dan)

هر کلمه را به تصویرش وصل کن.   Connect each word to its picture.

آب دادَن

کاشتَن

قَدَم زَدن

✏️ Each picture shows a verb. Write the letters for each verb in their places.

هر کدام از این تصویرها فعلی را نشان می دهند. حروف هر فعل را در جای مناسبش بنویس.

Each picture shows a verb. Look at the pictures and complete the puzzle.

هر کدام از این تصویرها فعلی را نشان می دهد. با کمک تصویرها جدول را کامل کن.

★ LERAN HOW THIS VERB CONJUGATES ★
in the
SIMPLE PRESENT TENSE.

صرف کردن این فعل را در زمان حال ساده بیاموز.

Simple Present Tense

زمان حال ساده

کاشتَن	
Plural	*Singular*
(ما) می کاریم (We) plant	(من) می کارَم (I) plant
(شما) می کارید (You) plant	(تو) می کاری (You) plant
(آنها) می کارَند (They) plant	(او- آن) می کارَد (He/She-It) plants

✪ LERAN HOW THIS VERB CONJUGATES ✪
in the
SIMPLE PRESENT TENSE.

صرف کردن این فعل را در زمان حال ساده بیاموز.

Simple Present Tense

زمان حال ساده

آب دادَن	
Plural	*Singular*
(ما) آب می دَهیم (We) water	(من) آب می دَهَم (I) water
(شما) آب می دَهید (You) water	(تو) آب می دَهی (You) water
(آنها) آب می دَهَند (They) water	(او- آن) آب می دَهَد (He/She-It) waters

✪ LERAN HOW THIS VERB CONJUGATES ✪
in the
SIMPLE PRESENT TENSE.

صرف کردن این فعل را در زمان حال ساده بیاموز.

Simple Present Tense
زمان حال ساده

قَدَم زَدَن	
Plural	*Singular*
(ما) قَدَم می زَنیم (We) walk	(من) قَدَم می زَنَم (I) walk
(شما) قَدَم می زَنید (You) walk	(تو) قَدَم می زَنی (You) walk
(آنها) قَدَم می زَنَند (They) walk	(او- آن) قَدَم می زَنَد (He/She-It) walks

Choose the correct form of the verb for each sentence and write it in its place.

شکل صحیح هر فعل را برای هر جمله انتخاب کن و در جایش بنویس.

۱- سام دَر حَیاط دِرَخت _____ .

• می کارَد   • می کاریم   • می کارَم

۲- ما دَر پارک _____ .

• قَدَم می زَنیم   • قَدَم می زَنَد   • قَدَم می زَنید

۳- شما گُل ها را _____ .

• آب می دَهَند   • آب می دَهَد   • آب می دَهید

۴- آریا دَر باغ _____ .

• قَدَم می زَنَم   • قَدَم می زَنَد   • قَدَم می زَنَند

۱۸

Complete the sentences with the correct form of the verbs in the Simple Present Tense.

جمله ها را با شکل صحیح فعل ها، در زمان حال ساده کامل کن.

۱- کیان و آرمان دَر پارک _____ . (قَدَم زَدَن)

۲- مَن و مادَرَم گُل ها را _____ . (آب دادَن)

۳- مَن هَر بَهار دَر گُلدان، گُل _____ . (کاشتَن)

۴- تو و پِدَرَت دَر باغ، دِرَخت _____ .(کاشتَن)

۵- سارا و خانِواده اش دَر پارک _____ .(قَدَم زَدَن)

۶- سام دِرَخت ها را _____ . (آب دادَن)

✏️ Write a sentence in the Simple Present Tense for this picture.

برای این تصویر در زمان حال ساده یک جمله بنویس.

_____ .

✪ LERAN HOW THIS VERB CONJUGATES ✪
in the
SIMPLE PAST TENSE.

صرف کردن این فعل را در زمان گذشته ی ساده بیاموز.

Simple Past Tense
زمان گذشته ی ساده

کاشتَن	
Plural	Singular
(ما) کاشتیم	(من) کاشتَم
(We) planted	(I) planted
(شما) کاشتید	(تو) کاشتی
(You) planted	(You) planted
(آنها) کاشتَند	(او- آن) کاشت
(They) planted	(He/She-It) planted

⭐ LERAN HOW THIS VERB CONJUGATES ⭐
in the
SIMPLE PAST TENSE.

صرف کردن این فعل را در زمان گذشته ی ساده بیاموز.

Simple Past Tense

زمان گذشته ی ساده

<div dir="rtl">آب دادَن</div>	
Plural	*Singular*
(ما) آب دادیم (We) watered	(من) آب دادَم (I) watered
(شما) آب دادید (You) watered	(تو) آب دادی (You) watered
(آنها) آب دادَند (They) watered	(او- آن) آب داد (He/She-It) watered

★ LERAN HOW THIS VERB CONJUGATES ★
in the
SIMPLE PAST TENSE.

صرف کردن این فعل را در زمان گذشته ی ساده بیاموز.

Simple Past Tense
زمان گذشته ی ساده

قَدَم زَدَن	
Plural	Singular
(ما) قَدَم زَدیم (We) walked	(من) قَدَم زَدَم (I) walked
(شما) قَدَم زَدید (You) walked	(تو) قَدَم زَدی (You) walked
(آنها) قَدَم زَدَند (They) walked	(او - آن) قَدَم زَد (He/She-It) walked

Choose the correct form of the verb for each sentence and write it in its place.

شکل صحیح هر فعل را برای هر جمله انتخاب کن و در جایش بنویس.

۱- مَن دیروز دانه ها را ________ .

• کاشتی • کاشتیم • کاشتَم

۲- پِدَرَم و مَن دَر خیابان ________ .

• قَدَم زَدَند • قَدَم زَد • قَدَم زَدیم

۳- دُختَرها گُل هایِ یاس را ________ .

• آب دادیم • آب دادی • آب دادَند

۴- خواهَرَم گُل ها را دَر باغچه ________ .

• کاشتَم • کاشتَن • کاشت

Complete the sentences with the correct form of the verbs in the Simple Past Tense.

جمله ها را با شکل صحیح فعل ها، در زمان گذشته ی ساده کامل کن.

۱- مَن و پِسَرَم دیروز دَر پارک ـــــــــــــــــ . (قَدَم زَدَن)

۲- ما دو روزِ پیش گُل ها را ـــــــــــــــــ . (آب دادَن)

۳- پِدَربُزُرگِ ما دیروز دِرَخت ها را دَر باغ ـــــــــــــــــ . (کاشتَن)

۴- تو و پِدَرَت هَفته ی پیش با آبپاش دانه ها را ـــــــــــــــــ . (آب دادَن)

۵- سام و دوستَش دیشَب دَر خیابان ـــــــــــــــــ . (قَدَم زَدَن)

۶- مادَرَم پارسال گُل هایِ یاس را دَر حَیاط ـــــــــــــــــ . (کاشتَن)

✏️ Write a sentence in the Simple Past Tense for this picture.

برای این تصویر در زمان گذشته ی ساده یک جمله بنویس.

_____.

★ LERAN HOW THIS VERB CONJUGATES ★
in the
SIMPLE FUTURE TENSE.

صرف کردن این فعل را در زمان آینده ی ساده بیاموز.

Simple Future Tense

زمان آینده ی ساده

کاشتَن	
Plural	Singular
(ما) خواهیم کاشت (We) will plant	(من) خواهَم کاشت (I) will plant
(شما) خواهید کاشت (You) will plant	(تو) خواهی کاشت (You) will plant
(آنها) خواهَند کاشت (They) will plant	(او - آن) خواهَد کاشت (He/She-It) will plant

⭐ LERAN HOW THIS VERB CONJUGATES ⭐
in the
SIMPLE FUTURE TENSE.

صرف کردن این فعل را در زمان آینده ی ساده بیاموز.

Simple Future Tense
زمان آینده ی ساده

آب دادَن	
Plural	*Singular*
(ما) آب خواهیم داد	(من) آب خواهَم داد
(We) will plant	(I) will water
(شما) آب خواهید داد	(تو) آب خواهی داد
(You) will plant	(You) will plant
(آنها) آب خواهَند داد	(او- آن) آب خواهَد داد
(They) will plant	(He/She-It) will plant

★ LERAN HOW THIS VERB CONJUGATES ★
in the
SIMPLE FUTURE TENSE.

صرف کردن این فعل را در زمان آینده ی ساده بیاموز.

Simple Future Tense
زمان آینده ی ساده

قَدَم زَدَن	
Plural	Singular
(ما) قَدَم خواهیم زَد	(من) قَدَم خواهَم زَد
(We) will walk	(I) will walk
(شما) قَدَم خواهید زَد	(تو) قَدَم خواهی زَد
(You) will walk	(You) will walk
(آنها) قَدَم خواهَند زَد	(او- آن) قَدَم خواهَد زَد
(They) will walk	(He/She-It) will walk

شکل صحیح هر فعل را برای هر جمله انتخاب کن و در جایش بنویس.

✏ Choose the correct form of the verb for each sentence and write it in its place.

۱- بَرادَرَم سالِ آیَنده دو دِرَخت دَر باغِ ما ______________ .

• خواهَد کاشت • خواهیم کاشت • خواهَم کاشت

۲- فَردا پِدَرِ تو و دوستَش دَر پارک ______________ .

• قَدَم خواهَند زَد • قَدَم خواهی زَد • قَدَم خواهَم زَد

۳- ما فَردا صُبح گُل های باغچه را ______________ .

• آب خواهیم داد • آب خواهَد داد • آب خواهَم داد

۴- شَما پَس فَردا دَر پارک ______________ .

• قَدَم خواهَند زَد • قَدَم خواهَد زَد • قَدَم خواهید زَد

✏ Complete the sentences with the correct form of the verbs in the Simple Future Tense.

جمله ها را با شکل صحیح فعل ها، در زمان آینده ی ساده کامل کن.

۱- باغبانِ ما جُمعه ی آیَنده گُل ها را ____________ . (آب دادَن)

۲- مادَرَت سالِ دیگر دَر باغچه بَنَفشه ____________ . (کاشتَن)

۳- ما پَس فَردا گُل های یاس را ____________ . (آب دادَن)

۴- من فَردا صُبح دَر باغ ____________ . (قَدَم زَدَن)

۵- نیکی و مادَرَش سه شَنبه ی آیَنده دَر پارک ____________ . (قَدَم زَدَن)

۶- تو هَفته ی آیَنده دانه ها را دَر گُلدان ____________ . (کاشتَن)

✏️ Write a sentence in the Simple Future Tense for this picture.

برای این تصویر در زمان آینده ی ساده یک جمله بنویس.

_____ .

Translate each sentence from Persian to English.   هر جمله را از فارسی به انگلیسی ترجمه کن.

۱- مَن و سارا هَر روز دَر پارک قَدَم می زَنیم.

1- _____ .

۲- مَن فَردا بَنَفشه ها را آب خواهَم داد.

2- _____ .

۳- دوستانِ مَن دیروز دانه ها را دَر باغ کاشتَند.

3 - _____ .

۴- تو و بَرادَرَت هَر هَفته دِرَخت ها را آب می دَهید.

4 - _____ .

✏ Translate each sentence from English to Persian. هر جمله را از انگلیسی به فارسی ترجمه کن.

1- Did you (singular) water the flowers in the garden?

۱- ________________________________ ؟

2- Nikki walks in the park every day.

۲- ________________________________ .

3- The gardener will plant five trees in our garden.

۳- ________________________________ .

4- Last night I walked in the street with my friends.

۴- ________________________________ .

2

✪LEARN THESE VERBS.✪

این فعل ها را بیاموز.

TO WASH = شُستَن

(shos. tan)

TO TASTE = چِشیدَن

(che. shee. dan)

TO BUY = خَریدَن

(ǩa. ree. dan)

Connect each word to its picture. هر کلمه را به تصویرش وصل کن.

شُستَن

آب دادَن

چِشیدَن

کاشتَن

خَریدَن

هر کدام از این تصویرها فعلی را نشان می دهند. حروف هر فعل را در جای مناسبش بنویس.

Each picture shows a verb. Write the letters for each verb in their places.

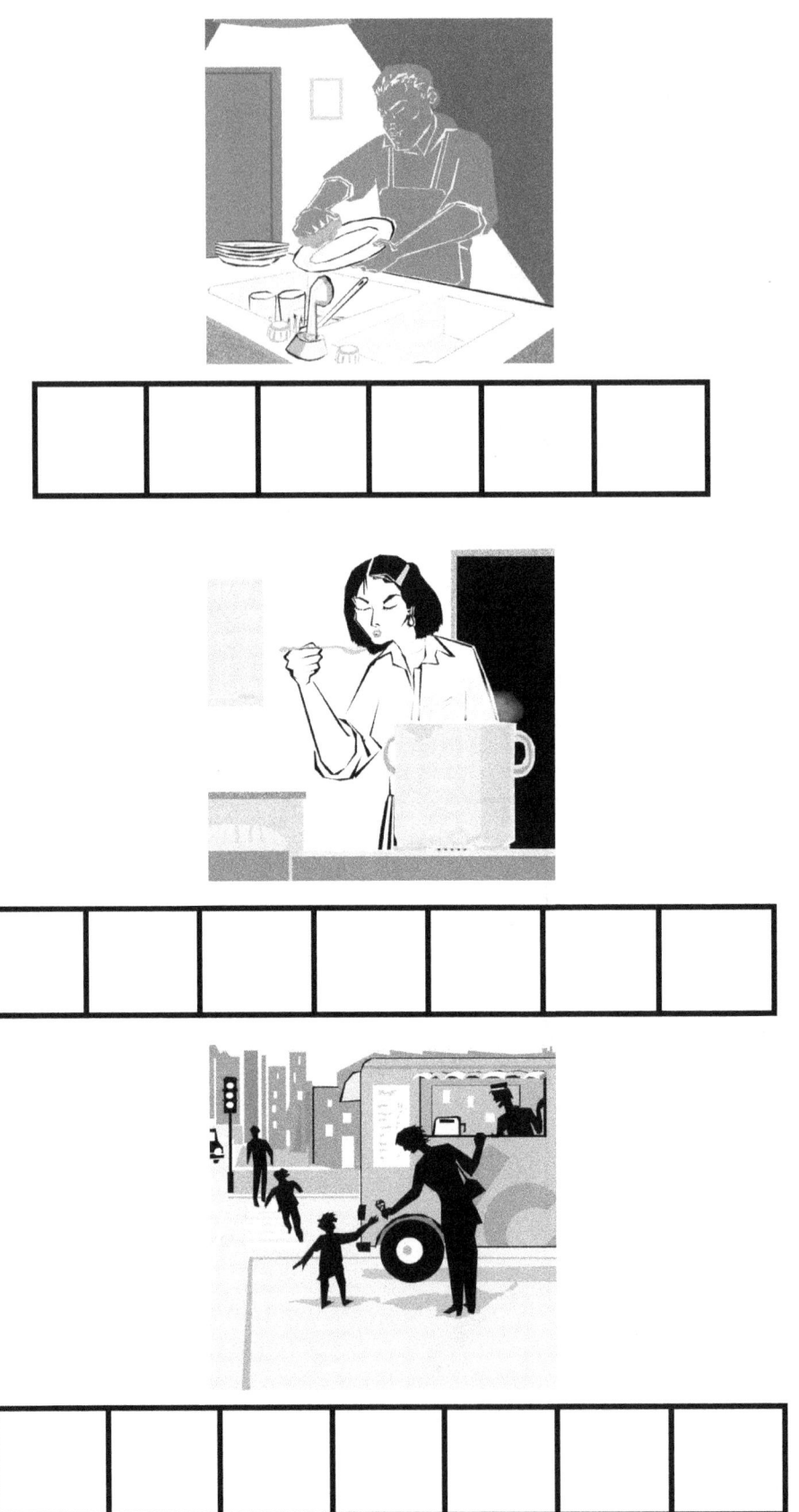

Each picture shows a verb. Look at the pictures and complete the puzzle.

هر کدام از این تصویرها فعلی را نشان می دهد. با کمک تصویرها جدول را کامل کن.

✪ LERAN HOW THIS VERB CONJUGATES ✪
in the
SIMPLE PRESENT TENSE.

صرف کردن این فعل را در زمان حال ساده بیاموز.

Simple Present Tense

زمان حال ساده

خَریدَن	
Plural	*Singular*
(ما) می خَریم (We) buy	(من) می خَرَم (I) buy
(شما) می خَرید (You) buy	(تو) می خَری (You) buy
(آنها) می خَرَند (They) buy	(او- آن) می خَرَد (He/She-It) buys

★ LERAN HOW THIS VERB CONJUGATES ★
in the
SIMPLE PRESENT TENSE.

صرف کردن این فعل را در زمان حال ساده بیاموز.

Simple Present Tense
زمان حال ساده

چِشیدَن	
Plural	Singular
(ما) می چِشیم (We) taste	(من) می چِشَم (I) taste
(شما) می چِشید (You) taste	(تو) می چِشی (You) taste
(آنها) می چِشَند (They) taste	(او- آن) می چِشَد (He/She-It) tastes

✪ LERAN HOW THIS VERB CONJUGATES ✪
in the
SIMPLE PRESENT TENSE.

صرف کردن این فعل را در زمان حال ساده بیاموز.

Simple Present Tense

زمان حال ساده

شُستَن	
Plural	*Singular*
(ما) می شوییم (We) wash	(من) می شویَم (I) wash
(شما) می شویید (You) wash	(تو) می شویی (You) wash
(آنها) می شویَند (They) wash	(او- آن) می شویَد (He/She-It) washes

Choose the correct form of the verb for each sentence and write it in its place.

شکل صحیح هر فعل را برای هر جمله انتخاب کن و در جایش بنویس.

۱- سام هَر هَفته ماشینَش را ____________ .

• می شویید • می شویی • می شویَد

۲- مَن و مادَرَم سوپِ سَرد را دَر آشپَزخانه ______________ .

• می چِشَم • می چِشیم • می چِشید

۳- مَن و تو یِک بَسته آب نَبات ____________ .

• می خَرَند • می خَری • می خَریم

۴- تو و نیکی دَست هایِتان را با صابون ____________ .

• می شویَند • می شوییم • می شویید

جمله ها را با شکل صحیح فعل ها، در زمان حال ساده کامل کن.

✏ Complete the sentences with the correct form of the verbs in the Simple Present Tense.

۱- مَن غَذایِ مادَرَم را ____________ . (چِشیدَن)

۲- سارا و مادَرَم اِمروز لِباس ها را ____________ . (شُستَن)

۳- بَرادَرَت هَر صُبح از نانوایی، نان ____________ . (خَریدَن)

۴- تو و پِدَرَت هَر دوشَنبه ماشینِ تان را ____________ .(شُستَن)

۵- آریا و خانِواده اش دَر پارک، بَستَنی ____________ (خَرِیدَن)

۶- مادَرَم غَذایِ من را ____________ . (چِشیدَن)

✏️ Write a sentence in the Simple Present Tense for this picture.

برای این تصویر در زمان حال ساده یک جمله بنویس.

_____.

✪ LERAN HOW THIS VERB CONJUGATES ✪
in the
SIMPLE PAST TENSE.

صرف کردن این فعل را در زمان گذشته ی ساده بیاموز.

Simple Past Tense

زمان گذشته ی ساده

خَریدَن	
Plural	*Singular*
(ما) خَریدیم (We) bought	(من) خَریدَم (I) bought
(شما) خَریدید (You) bought	(تو) خَریدی (You) bought
(آنها) خَریدَند (They) bought	(او- آن) خَرید (He/She-It) bought

✪ LERAN HOW THIS VERB CONJUGATES ✪

in the

SIMPLE PAST TENSE.

صرف کردن این فعل را در زمان گذشته ی ساده بیاموز.

Simple Past Tense

زمان گذشته ی ساده

چِشیدَن	
Plural	*Singular*
(ما) چِشیدیم (We) tasted	(من) چِشیدَم (I) tasted
(شما) چِشیدید (You) tasted	(تو) چِشیدی (You) tasted
(آنها) چِشیدَند (They) tasted	(او- آن) چِشید (He/She-It) tasted

★ LERAN HOW THIS VERB CONJUGATES ★
in the
SIMPLE PAST TENSE.

صرف کردن این فعل را در زمان گذشته ی ساده بیاموز.

Simple Past Tense
زمان گذشته ی ساده

شُستَن	
Plural	Singular
(ما) شُستیم (We) washed	(من) شُستَم (I) washed
(شما) شُستید (You) washed	(تو) شُستی (You) washed
(آنها) شُستَند (They) washed	(او - آن) شُست (He/She-It) washed

۴۷

✏ Choose the correct form of the verb for each sentence and write it in its place.

شکل صحیح هر فعل را برای هر جمله انتخاب کن و در جایش بنویس.

۱- مَن دیروز تَمامِ لِباس ها را ____________ .

• شُستی • شُستیم • شُستَم

۲- پِدَرَم و مَن غَذایِ گرم را ____________ .

• چِشیدَند • چِشیدَم • چِشیدیم

۳- آن دُختَرها دیشَب از ما گُل ____________ .

• خَریدیم • خَریدَند • خَرید

۴- خواهَرَم دَستَش را با صابون ____________ .

• شُستی • شُست • شُستیم

✏ Complete the sentences with the correct form of the verbs in the Simple Past Tense.

جمله ها را با شکل صحیح هر فعل، در زمان گذشته ی ساده کامل کن.

۱- بَرادَرَت پارسال بَرایِ تَوَلُّدَت چه ____________ ؟ (خَریدَن)

۲- ما دو روزِ پیش ماشینِ مان را ____________ . (شُستَن)

۳- مادَربُزُرگِ سارا سوپِ داغ را ____________ . (چِشیدَن)

۴- پِدَرَم دیروز بَرایِ مَن یِک بَسته آب نَبات ____________ . (خَریدَن)

۵- آشپَزِ شُما تَمامِ غَذاها را ____________ . (چِشیدَن)

۶- مادَرَم دیشَب بُشقاب ها را ____________ . (شُستَن)

Write a sentence in the Simple Past Tense for this picture.

برای این تصویر در زمان گذشته ی ساده یک جمله بنویس.

. _____

✪ LERAN HOW THIS VERB CONJUGATES ✪
in the
SIMPLE FUTURE TENSE.

صرف کردن این فعل را در زمان آینده ی ساده بیاموز.

Simple Future Tense
زمان آینده ی ساده

خَریدَن	
Plural	*Singular*
(ما) خواهیم خَرید (We) will buy	(من)خواهَم خَرید (I) will buy
(شما) خواهید خَرید (You) will buy	(تو) خواهی خَرید (You) will buy
(آنها) خواهَند خَرید (They) will buy	(او- آن) خواهَد خَرید (He/She-It) will buy

✪ LERAN HOW THIS VERB CONJUGATES ✪

in the

SIMPLE FUTURE TENSE.

صرف کردن این فعل را در زمان آینده ی ساده بیاموز.

Simple Future Tense

زمان آینده ی ساده

چِشیدَن	
Plural	*Singular*
(ما) خواهیم چِشید (We) will taste	(من) خواهَم چِشید (I) will taste
(شما) خواهید چِشید (You) will taste	(تو) خواهی چِشید (You) will taste
(آنها) خواهَند چِشید (They) will taste	(او- آن) خواهَد چِشید (He/She-It) will taste

✪ LERAN HOW THIS VERB CONJUGATES ✪
in the
SIMPLE FUTURE TENSE.

صرف کردن این فعل را در زمان آینده ی ساده بیاموز.

Simple Future Tense
زمان آینده ی ساده

شُستَن	
Plural	*Singular*
(ما) خواهیم شُست (We) will wash	(من) خواهَم شُست (I) will wash
(شما) خواهید شُست (You) will wash	(تو) خواهی شُست (You) will wash
(آنها) خواهَند شُست (They) will wash	(او- آن) خواهَد شُست (He/She-It) will wash

شکل صحیح هر فعل را برای هر جمله انتخاب کن و در جایش بنویس.

✏ Choose the correct form of the verb for each sentence and write it in its place.

۱- بَرادَرَت سالِ آیَنده یِک ماشینِ نو _____ .

• خواهَد خَرید   • خواهیم خَرید   • خواهَم خَرید

۲- فَردا تو و دوستَت دَر پارک، بَستَنی _____ .

• خواهَند خَرید   • خواهی خَرید   • خواهید خَرید

۳- چه کَسی این ظَرف ها را _____ ؟

• خواهیم شُست   • خواهَد شُست   • خواهَم شُست

۴- خواهَرَم فَردا تَمامِ غَذاها را دَر آشپَزخانه _____ .

• خواهی چِشید   • خواهَد چِشید   • خواهید چِشید

✏ Complete the sentences with the correct form of the verbs in the Simple Future Tense.

جمله ها را با شکل صحیح فعل ها، در زمان آینده ی ساده کامل کن.

۱- مَن هَفته ی آیَنده آن کیف را ____________ . (خَریدَن)

۲- نیکی اِمشَب لیوان ها را ____________ . (شُستَن)

۳- آشپَزِ ما فَردا تَمامِ غَذا ها را ____________ . (چِشیدَن)

۴- آریا صُبحِ شَنبه ماشینِ مَن را ____________.(شُستَن)

۵- مادَرِ شُما سالِ آیَنده یِک آپارتِمان ____________.(خَریدَن)

۶- چه کَسی این سوپ را ____________ ؟(چِشیدَن)

✏️ Write a sentence in the Simple Future Tense for this picture.

برای این تصویر در زمان آینده ی ساده یک جمله بنویس.

_____ .

Translate each sentence from Persian to English. هر جمله را از فارسی به انگلیسی ترجمه کن.

۱- مَن فَردا بَرایِ بَچّه ها بَستَنی خواهَم خَرید .

1- ______________________________ .

۲- آشپَزِ ما تَمامِ غَذاها را قَبل از مِهمانی می چِشَد.

2- ______________________________ .

۳- دوستانِ مَن دیروز ظَرف ها را شُستَند.

3 - ______________________________ .

۴- تو هَفته ی گُذَشته یِک کیفِ نو خَریدی.

4 - ______________________________ .

هر جمله را از انگلیسی به فارسی ترجمه کن. ✏ Translate each sentence from English to Persian.

1- Did you (plural) buy a new apartment?

۱- _____ ؟

2- Sam will taste the food.

۲- _____ .

3- The cook washed all the dishes.

۳- _____ .

4- I buy new clothes every month.

۴- _____ .

3

✪LEARN THESE VERBS.✪

این فعل ها را بیاموز.

TO FISH =ماهی گِرِفتَن

(maa.hee- ge.ref.tan)

TO SHOVEL =پارو کَردَن

(paa.roo- kar. dan)

TO PAINT =رَنگ زَدَن

(rang- za. dan)

هر کلمه را به تصویرش وصل کن.

✏️ Connect each word to its picture.

پارو کَردَن

چِشیدَن

خَریدَن

ماهی گِرِفتَن

رَنگ زَدَن

Each picture shows a verb. Write the letters for each verb in their places.

هر کدام از این تصویرها فعلی را نشان می دهند.
حروف هر فعل را در جای مناسبش بنویس.

Each picture shows a verb. Look at the pictures and complete the puzzle.

هر کدام از این تصویرها فعلی را نشان می دهد. با کمک تصویرها جدول را کامل کن.

★ LERAN HOW THIS VERB CONJUGATES ★
in the
SIMPLE PRESENT TENSE.

صرف کردن این فعل را در زمان حال ساده بیاموز.

Simple Present Tense

زمان حال ساده

ماهی گِرِفتَن	
Plural	*Singular*
(ما) ماهی می گیریم (We) fish	(من) ماهی می گیرَم (I) fish
(شما) ماهی می گیرید (You) fish	(تو) ماهی می گیری (You) fish
(آنها) ماهی می گیرَند (They) fish	(او- آن) ماهی می گیرَد (He/She-It) fishes

⭐ LERAN HOW THIS VERB CONJUGATES ⭐
in the
SIMPLE PRESENT TENSE.

صرف کردن این فعل را در زمان حال ساده بیاموز.

Simple Present Tense
زمان حال ساده

رَنگ زَدَن	
Plural	*Singular*
(ما) رَنگ می زَنیم (We) paint	(من) رَنگ می زَنَم (I) paint
(شما) رَنگ می زَنید (You) paint	(تو) رَنگ می زَنی (You) paint
(آنها) رَنگ می زَنَند (They) paint	(او- آن) رَنگ می زَنَد (He/She-It) paint

⭐ LERAN HOW THIS VERB CONJUGATES ⭐
in the
SIMPLE PRESENT TENSE.

صرف کردن این فعل را در زمان حال ساده بیاموز.

Simple Present Tense

زمان حال ساده

پارو کَردَن	
Plural	*Singular*
(ما) پارو می کُنیم (We) shovel	(من) پارو می کُنَم (I) shovel
(شما) پارو می کُنید (You) shovel	(تو) پارو می کُنی (You) shovel
(آنها) پارو می کُنَند (They) shovel	(او- آن) پارو می کُنَد (He/She-It) shovels

شکل صحیح هر فعل را برای هر جمله انتخاب کن و در جایش بنویس.

Choose the correct form of the verb for each sentence and write it in its place.

۱- آریا هَر زِمِستان بَرفِ رویِ بام را _____ .

• پارو می کُنیم   • پارو می کُنَد   • پارو می کُنَند

۲- مَن و پِدَرَم از رودخانه _____ .

• ماهی می گیرَد   • ماهی می گیرید   • ماهی می گیریم

۳- نَقّاش دیوارهایِ خانه را _____ .

• رَنگ می زَنیم   • رَنگ می زَنید   • رَنگ می زَنَد

۴- شُما و دوستانِ تان هَر تابِستان از دَریا _____ .

• ماهی می گیرَند   • ماهی می گیرید   • ماهی می گیریم

جمله ها را با شکل صحیح فعل ها، در زمان حال ساده کامل کن.

✏ Complete the sentences with the correct form of the verbs in the Simple Present Tense.

۱- آرمان دیوارِ اُتاقَش را ____________ . (رَنگ زَدن)

۲- مَن بَرفِ رویِ پِلّه ها را ____________ . (پارو کَردَن)

۳- مَن نَرده ها را با قَلَم مو ____________ . (رَنگ زَدَن)

۴- تو و پِدَرَت با قُلاّب از رودخانه ____________ . (ماهی گِرفتَن)

۵- چه کَسی اِمروز بَرف را ____________ ؟ (پارو کَردَن)

۶- تو هَر هَفته با تور از آب ____________ . (ماهی گِرفتَن)

✏️ Write a sentence in the Simple Present Tense for فاهس picture.

برای این تصویر در زمان حال ساده یک جمله بنویس.

._____

✪ LERAN HOW THIS VERB CONJUGATES ✪
in the
SIMPLE PAST TENSE.

صرف کردن این فعل را در زمان گذشته ی ساده بیاموز.

Simple Past Tense

زمان گذشته ی ساده

ماهی گِرِفتَن	
Plural	*Singular*
(ما) ماهی گِرِفتیم (We) fished	(من) ماهی گِرِفتَم (I) fished
(شما) ماهی گِرِفتید (You) fished	(تو) ماهی گِرِفتی (You) fished
(آنها) ماهی گِرِفتَند (They) fished	(او- آن) ماهی گِرِفت (He/She-It) fished

✪ LERAN HOW THIS VERB CONJUGATES ✪
in the
SIMPLE PAST TENSE.

صرف کردن این فعل را در زمان گذشته ی ساده بیاموز.

Simple Past Tense

زمان گذشته ی ساده

رَنگ زَدَن	
Plural	*Singular*
(ما) رَنگ زَدیم (We) painted	(من) رَنگ زَدَم (I) painted
(شما) رَنگ زَدید (You) painted	(تو) رَنگ زَدی (You) painted
(آنها) رَنگ زَدَند (They) painted	(او- آن) رَنگ زَد (He/She-It) painted

⭐ LERAN HOW THIS VERB CONJUGATES ⭐
in the
SIMPLE PAST TENSE.

صرف کردن این فعل را در زمان گذشته ی ساده بیاموز.

Simple Past Tense

زمان گذشته ی ساده

پارو کَردَن

Plural	Singular
(ما) پارو کَردیم (We) shoveled	(من) پارو کَردَم (I) shoveled
(شما) پارو کَردید (You) shoveled	(تو) پارو کَردی (You) shoveled
(آنها) پارو کَردَند (They) shoveled	(او- آن) پارو کَرد (He/She-It) shoveled

✏ Choose the correct form of the verb for each sentence and write it in its place.

شکل صحیح هر فعل را برای هر جمله انتخاب کن و در جایش بنویس.

۱- مَن و بَرادَرم دیروز سَقفِ خانه را ____________ .

• رَنگ زَدَند • رَنگ زَدَم • رَنگ زَدیم

۲- پِدَرَت دیشَب تَمامِ بَرفِ رویِ بام را ____________ .

• پارو کَرد • پارو کَردی • پارو کَردیم

۳- دُختَرِ شُما با تورَش از رودخانه ____________ .

• ماهی گِرِفتیم • ماهی گِرِفت • ماهی گِرِفتَند

۴- تو و خواهَرَت میزِ تَحریرِ مَن را ____________ .

• رَنگ زَدی • رَنگ زَدید • رَنگ زَدَم

جمله ها را با شکل صحیح فعل ها، در زمان گذشته ی ساده کامل کن.

Complete the sentences with the correct form of the verbs in the Simple Past Tense.

۱- کیان دیروز کُجا ____________ ؟ (ماهی گِرِفتَن)

۲- مَن دیشَب با پارو برفِ رویِ پلّه ها را ____________ . (پارو کَردَن)

۳- پِدَربُزُرگِ سام پارسال دیوارها را ____________ . (رَنگ زَدَن)

۴- تو وَ پِدَرَت دیروز با قُلاّب از رودخانه ____________ . (ماهی گِرِفتَن)

۵- نیکی و دوستَش پَریروز نَرده ها را ____________ . (رَنگ زَدَن)

۶- آیا آریا دیروز برفِ رویِ بام را ____________ ؟ (پارو کَردَن)

✏️ Write a sentence in the Simple Past Tense for this picture.

برای این تصویر در زمان گذشته‌ی ساده یک جمله بنویس.

._____ ✍️

★ LERAN HOW THIS VERB CONJUGATES ★
in the
SIMPLE FUTURE TENSE.

صرف کردن این فعل را در زمان آینده ی ساده بیاموز.

Simple Future Tense

زمان آینده ی ساده

ماهی گِرِفتَن	
Plural	*Singular*
(ما) ماهی خواهیم گِرِفت	(من) ماهی خواهَم گِرِفت
(We) will fish	(I) will fish
(شما) ماهی خواهید گِرِفت	(تو) ماهی خواهی گِرِفت
(You) will fish	(You) will fish
(آنها) ماهی خواهَند گِرِفت	(او-آن) ماهی خواهَد گِرِفت
(They) will fish	(He/She-It) will fish

✪ LERAN HOW THIS VERB CONJUGATES ✪
in the
SIMPLE FUTURE TENSE.

صرف کردن این فعل را در زمان آینده ی ساده بیاموز.

Simple Future Tense

زمان آینده ی ساده

رَنگ زَدَن	
Plural	*Singular*
(ما) رَنگ خواهیم زَد (We) will paint	(من) رَنگ خواهَم زَد (I) will paint
(شما) رَنگ خواهید زَد (You) will paint	(تو) رَنگ خواهی زَد (You) will paint
(آنها) رَنگ خواهَند زَد (They) will paint	(او- آن) رَنگ خواهَد زَد (He/She-It) will paint

✪ LERAN HOW THIS VERB CONJUGATES ✪
in the
SIMPLE FUTURE TENSE.

صرف کردن این فعل را در زمان آینده ی ساده بیاموز.

Simple Future Tense

زمان آینده ی ساده

پارو کَردَن	
Plural	*Singular*
(ما) پارو خواهیم کَرد (We) will shovel	(من) پارو خواهَم کَرد (I) will shovel
(شما) پارو خواهید کَرد (You) will shovel	(تو) پارو خواهی کَرد (You) will shovel
(آنها) پارو خواهَند کَرد (They) will shovel	(او- آن) پارو خواهَد کَرد (He/She-It) will shovel

✏ Choose the correct form of the verb for each sentence and write it in its place.

شکل صحیح هر فعل را برای هر جمله انتخاب کن و در جایش بنویس.

۱- آن مَردِ ماهی گیر فَردا با تورَش از آب ____________ .

• ماهی خواهَد گِرفت • ماهی خواهی گِرِفت • ماهی خواهَم گِرِفت

۲- نیکی وَ نیما پَس فَردا این صَندَلی را ____________ .

• رَنگ خواهَند زَد • رَنگ خواهی زَد • رَنگ خواهَم زَد

۳- مَن چَهارشَنبه ی آیَنده بَرفِ رویِ پلّه ها را ____________ .

• پارو خواهیم کَرد • پارو خواهَد کَرد • پارو خواهَم کَرد

۴- چه کَسی دیوارِ اُتاقِ تو را ____________ ؟

• رَنگ خواهَند زَد • رَنگ خواهَد زَد • رَنگ خواهید زَد

جمله ها را با شکل صحیح فعل ها، در زمان آینده ی ساده کامل کن.

Complete the sentences with the correct form of the verbs in the Simple Future Tense.

۱- آنها هَفته ی دیگر نیمکَت هایِ پارک را ____________ . (رَنگ زَدَن)

۲- دوستانِ مَن پَس فَردا اَز رودخانه ____________ . (ماهی گِرِفتَن)

۳- آریا فَردا صُبح تَمامِ برفِ حیاط را ____________ . (پارو کَردَن)

۴- خواهَرَم این میز را با قَلَم مویَش ____________ . (رَنگ زَدَن)

۵- آیا سام فَردا برفِ رویِ بام را ____________ ؟ (پارو کَردَن)

۶- تو و مَن هَفته ی آیَنده با قُلّاب از دَریا ____________ . (ماهی گِرِفتَن)

✏️ Write a sentence in the Simple Future Tense for this picture.

برای این تصویر در زمان آینده ی ساده یک جمله بنویس.

_____ ✍️ .

Translate each sentence from Persian to English.   هر جمله را از فارسی به انگلیسی ترجمه کن.

۱- نیما و دُختَرَش بَرفِ رویِ بام را پارو کَردَند.

1- _____ .

۲- آیا فَردا با ما ماهی خواهی گِرِفت؟

2- _____ ?

۳- دوستانِ تو تَمامِ صَندَلی ها را رَنگ زَدَند.

3 - _____ .

۴- مَن و نیکی هَر سال دیوارها را رَنگ می زَنیم.

4 - _____ .

Translate each sentence from English to Persian. هر جمله را از انگلیسی به فارسی ترجمه کن.

1- Who will shovel the snow tomorrow morning?

۱- ______________________________ ؟

2- She painted all the walls in her apartment.

۲- ______________________________ .

3- That man and his son fish every day.

۳- ______________________________ .

4- Last night I shoveled the snow on the roof.

۴- ______________________________ .

4

✪LEARN THESE VERBS.✪

این فعل ها را بیاموز.

TO COMB =شانه کَردَن

(shaa. ne - kar.dan)

TO BRUSH =مِسواک زَدَن

(mes. vaak- za.dan)

TO FLY =پَرواز کَردَن

(par. vaaz- kar. dan)

Connect each word to its picture. 🖊️ هر کلمه را به تصویرش وصل کن.

شانه کَردَن

پَرواز کَردَن

پارو کَردَن

مِسواک زَدَن

رَنگ زَدَن

هر کدام از این تصویرها فعلی را نشان می دهند.
حروف هر فعل را در جای مناسبش بنویس.

✏ Each picture shows a verb. Write the letters for each verb in their places.

Each picture shows a verb. Look at the pictures and complete the puzzle.

هر کدام از این تصویرها فعلی را نشان می دهد. با کمک تصویرها جدول را کامل کن.

✪ LERAN HOW THIS VERB CONJUGATES ✪
in the
SIMPLE PRESENT TENSE.

صرف کردن این فعل را در زمان حال ساده بیاموز.

Simple Present Tense

زمان حال ساده

مِسواک زَدَن	
Plural	*Singular*
(ما) مِسواک می زَنیم (We) brush	**(من) مِسواک می زَنَم** (I) brush
(شما) مِسواک می زَنید (You) brush	**(تو) مِسواک می زَنی** (You) brush
(آنها) مِسواک می زَنَند (They) brush	**(او- آن) مِسواک می زَنَد** (He/She-It) brushes

★ LERAN HOW THIS VERB CONJUGATES ★
in the
SIMPLE PRESENT TENSE.

صرف کردن این فعل را در زمان حال ساده بیاموز.

Simple Present Tense

زمان حال ساده

شانه کَردَن	
Plural	*Singular*
(ما) شانه می کُنیم (We) comb	(من) شانه می کُنَم (I) comb
(شما) شانه می کُنید (You) comb	(تو) شانه می کُنی (You) comb
(آنها) شانه می کُنَند (They) comb	(او- آن) شانه می کُنَد (He/She-It) combs

✪ LERAN HOW THIS VERB CONJUGATES ✪
in the
SIMPLE PRESENT TENSE.

صرف کردن این فعل را در زمان حال ساده بیاموز.

Simple Present Tense

زمان حال ساده

پَرواز کَردَن	
Plural	*Singular*
(ما) پَرواز می کُنیم (We) fly	(من) پَرواز می کُنَم (I) fly
(شما) پَرواز می کُنید (You) fly	(تو) پَرواز می کُنی (You) fly
(آنها) پَرواز می کُنَند (They) fly	(او- آن) پَرواز می کُنَد (He/She-It) flies

✏ Choose the correct form of the verb for each sentence and write it in its place.

شکل صحیح هر فعل را برای هر جمله انتخاب کن و در جایش بنویس.

۱- بادبادَکِ مَن دَر آسِمان ____________ .

• پَرواز می کُنَند • پَرواز می کُنَم • پَرواز می کُنَد

۲- مادَرَم موهایِ من را ____________ .

• شانه می کُنَم • شانه می کُنَد • شانه می کُنیم

۳- شما دَندان هایِتان را هَر شَب ____________ .

• مِسواک می زَنَد • مِسواک می زَنَند • مِسواک می زَنید

۴- کَبوتَرها بالایِ دِرَخت ها ____________ .

• پَرواز می کُنَم • پَرواز می کُنَد • پَرواز می کُنَند

Complete the sentences with the correct form of the verbs in the Simple Present Tense.

جمله ها را با شکل صحیح فعل ها، در زمان حال ساده کامل کن.

۱- پِسَرِ ما دَندان هایَش را سه بار دَر روز __________ . (مِسواک زَدَن)

۲- مَن و خواهَرَم موهایِ مان را هَر صُبح __________ . (شانه کَردَن)

۳- پَرَنده ها هَر پاییز رویِ دَریا __________ . (پَرواز کَردَن)

۴- تو چَند بار دَر روز دَندان هایَت را __________؟ (مِسواک زَدَن)

۵- نیکی و خانِواده اش با هَواپِیما به ایران __________ . (پَرواز کَردَن)

۶- سارا موهایِ دُختَرَش را آرام آرام__________ . (شانه کَردَن)

✏ Write a sentence in the Simple Present Tense for this picture.

برای این تصویر در زمان حال ساده یک جمله بنویس.

_____ .

★ LERAN HOW THIS VERB CONJUGATES ★
in the
SIMPLE PAST TENSE.

صرف کردن این فعل را در زمان گذشته ی ساده بیاموز.

Simple Past Tense

زمان گذشته ی ساده

مِسواک زَدَن	
Plural	*Singular*
(ما) مِسواک زَدیم (We) brushed	(من) مِسواک زَدَم (I) brushed
(شما) مِسواک زَدید (You) brushed	(تو) مِسواک زَدی (You) brushed
(آنها) مِسواک زَدَند (They) brushed	(او- آن) مِسواک زَد (He/She-It) brushed

⭐ LERAN HOW THIS VERB CONJUGATES ⭐
in the
SIMPLE PAST TENSE.

صرف کردن این فعل را در زمان گذشته ی ساده بیاموز.

Simple Past Tense

زمان گذشته ی ساده

شانه کَردَن	
Plural	*Singular*
(ما) شانه کَردیم	(من) شانه کَردَم
(We) combed	(I) combed
(شما) شانه کَردید	(تو) شانه کَردی
(You) combed	(You) combed
(آنها) شانه کَردَند	(او- آن) شانه کَرد
(They) combed	(He/She-It) combed

✪ LERAN HOW THIS VERB CONJUGATES ✪
in the
SIMPLE PAST TENSE.

صرف کردن این فعل را در زمان گذشته ی ساده بیاموز.

Simple Past Tense

زمان گذشته ی ساده

پَرواز کَردَن	
Plural	*Singular*
(ما) پَرواز کَردیم (We) flew	(من) پَرواز کَردَم (I) flew
(شما) پَرواز کَردید (You) flew	(تو) پَرواز کَردی (You) flew
(آنها) پَرواز کَردَند (They) flew	(او- آن) پَرواز کَرد (He/She-It) flew

✏ Choose the correct form of the verb for each sentence and write it in its place.

شکل صحیح هر فعل را برای هر جمله انتخاب کن و در جایش بنویس.

۱- دیروز بادبادَک شُما دَر باد ______________ .

• پَرواز کَردی • پَرواز کَرد • پَرواز کَردَند

۲- سارا موهایَش را آرام آرام ______________ .

• شانه کَردَم • شانه کَردی • شانه کَرد

۳- دیشَب دُختَرهایِ مَن دَندان هایِشان را ______________ .

• مِسواک زَدیم • مِسواک زَد • مِسواک زَدَند

۴- هَفته ی پیش خواهَرم با هَواپِیما به ایران ______________ .

• پَرواز کَردی • پَرواز کَردَم • پَرواز کَرد

✏ Complete the sentences with the correct form of the verbs in the Simple Past Tense.

جمله ها را با شکل صحیح فعل ها، در زمان گذشته ی ساده کامل کن.

۱- دیروز تو چَند بار دَندان هایَت را ______________ ؟ (مِسواک زَدَن)

۲- مَن موهایِ خواهَرَم را تُند تُند ______________ . (شانه کَردَن)

۳- پِدَربُزُرگِ سارا ریشِ بُلَندَش را ______________ . (شانه کَردَن)

۴- بادبادَکِ تو دیروز دَر پارک ______________ . (پَرواز کَردَن)

۵- نیکی با مِسواکِ تازه اش دَندان هایَش را ______________ .(مِسواک زَدَن)

۶- پَرَنده ها دیروز رویِ بامِ مَدرِسه ______________ . (پَرواز کَردَن)

✏️ Write a sentence in the Simple Past Tense for this picture.

برای این تصویر در زمان گذشته ی ساده یک جمله بنویس.

._____

✪ LERAN HOW THIS VERB CONJUGATES ✪
in the
SIMPLE FUTURE TENSE.

صرف کردن این فعل را در زمان آینده ی ساده بیاموز.

Simple Future Tense

زمان آینده ی ساده

مِسواک زَدَن	
Plural	*Singular*
(ما) مِسواک خواهیم زَد (We) will brush	(من) مِسواک خواهَم زَد (I) will brush
(شما) مِسواک خواهید زَد (You) will brush	(تو) مِسواک خواهی زَد (You) will brush
(آنها) مِسواک خواهَند زَد (They) will brush	(او- آن) مِسواک خواهَد زَد (He/She-It) will brush

✪ LERAN HOW THIS VERB CONJUGATES ✪
in the
SIMPLE FUTURE TENSE.

صرف کردن این فعل را در زمان آینده ی ساده بیاموز.

Simple Future Tense

زمان آینده ی ساده

<div dir="rtl">شانه کَردَن</div>	
Plural	*Singular*
(ما) شانه خواهیم کَرد (We) will comb	(من) شانه خواهَم کَرد (I) will comb
(شما) شانه خواهید کَرد (You) will comb	(تو) شانه خواهی کَرد (You) will comb
(آنها) شانه خواهَند کَرد (They) will comb	(او- آن) شانه خواهَد کَرد (He/She-It) will comb

★ LERAN HOW THIS VERB CONJUGATES ★
in the
SIMPLE FUTURE TENSE.

صرف کردن این فعل را در زمان آینده ی ساده بیاموز.

Simple Future Tense

زمان آینده ی ساده

پَرواز کَردَن	
Plural	*Singular*
(ما) پَرواز خواهیم کَرد (We) will fly	(من) پَرواز خواهَم کَرد (I) will fly
(شما) پَرواز خواهید کَرد (You) will fly	(تو) پَرواز خواهی کَرد (You) will fly
(آنها) پَرواز خواهَند کَرد (They) will fly	(او- آن) پَرواز خواهَد کَرد (He/She-It) will fly

Choose the correct form of the verb for each sentence and write it in its place.

شکل صحیح هر فعل را برای هر جمله انتخاب کن و در جایش بنویس.

۱- آریا سالِ آیَنده با هَواپِیما به ایران ________________ .

• پَرواز خواهی کَرد • پَرواز خواهیم کَرد • پَرواز خواهَد کَرد

۲- مَن و تو اِمشَب موهایِ تَمامِ بَچّه ها را ________________ .

• شانه خواهَند کَرد • شانه خواهی کَرد • شانه خواهیم کَرد

۳- سام فَردا صُبح دَندان هایَش را ________________ .

• مِسواک خواهیم زَد • مِسواک خواهَد زَد • مِسواک خواهَم زَد

۴- بادبادَکِ قِرمِزِ تو فَردا دَر آسِمانِ آبی ________________ .

• پَرواز خواهی کَرد • پَرواز خواهَد کَرد • پَرواز خواهید کَرد

✏ Complete the sentences with the correct form of the verbs in the Simple Future Tense.

جمله ها را با شکل صحیح فعل ها، در زمان آینده ی ساده کامل کن.

۱- من هَفته ی دیگر به ایران __________ . (پَرواز کَردَن)

۲- تو موهایِ مَن را آرام آرام __________ . (شانه کَردَن)

۳- پِسَرَم و مَن دَندان هایِمان را اِمشَب __________ . (مِسواک زَدَن)

۴- آن مَرد ریشَش را با شانه ی سِفیدَش __________ . (شانه کَردَن)

۵- کَبوتَرهایِ نیکی فَردا دَر پارک __________ . (پَرواز کَردَن)

۶- دوستَت با کُدام مِسواک دَندان هایَش را __________ ؟ (مِسواک زَدَن)

✏️ Write a sentence in the Simple Future Tense for this picture.

برای این تصویر در زمان آینده ی ساده یک جمله بنویس.

._____ 👉

Translate each sentence from Persian to English. هر جمله را از فارسی به انگلیسی ترجمه کن.

۱- بادبادَکِ نیکی دیروز دَر آسِمان پَرواز کَرد.

1- ____ .

۲- مَن فَردا صُبح موهایَم را شانه خواهَم کَرد.

2- ____ .

۳- دوستانِ مَن دیشَب به ایران پَرواز کَردَند.

3 - ____ .

۴- تو و بَرادَرَت سه بار دَر روز دَندان هایِتان را مِسواک می زَنید.

4 - ____ .

✏ Translate each sentence from English to Persian. هر جمله را از انگلیسی به فارسی ترجمه کن.

1- Did you brush your teeth this morning?

۱- ____ ؟

2- Nikki combs her hair every day.

۲- ____ .

3- My mother flew to Iran last night.

۳- ____ .

4- Will this kite fly in the wind?

۴- ____ .

5

★LEARN THESE VERBS.★

این فعل ها را بیاموز.

TO PLAY = بازی کَردَن
(baa.zi- kar.dan)

TO MAKE = دُرُست کَردَن
(do.rost- kar.dan)

TO SING = آواز خواندَن
(aa.vaaz- ǩaan.dan)

Connect each word to its picture.   هر کلمه را به تصویرش وصل کن.

شانه کَردَن

دُرُست کَردَن

بازی کَردَن

آواز خواندَن

پَرواز کَردَن

Each picture shows a verb. Write the letters for each verb in their places.

هر کدام از این تصویرها فعلی را نشان می دهند. حروف هر فعل را در جای مناسبش بنویس.

۱۰۹

✏️ Each picture shows a verb. Look at the pictures and complete the puzzle.

هر کدام از این تصویر‌ها فعلی را نشان می دهد. با کمک تصویر‌ها جدول را کامل کن.

✪ LERAN HOW THIS VERB CONJUGATES ✪
in the
SIMPLE PRESENT TENSE.

صرف کردن این فعل را در زمان حال ساده بیاموز.

Simple Present Tense

زمان حال ساده

بازی کَردَن	
Plural	*Singular*
(ما) بازی می کُنیم (We) play	(من) بازی می کُنَم (I) play
(شما) بازی می کُنید (You) play	(تو) بازی می کُنی (You) play
(آنها) بازی می کُنَند (They) play	(او- آن) بازی می کُنَد (He/She-It) plays

✪ LERAN HOW THIS VERB CONJUGATES ✪

in the

SIMPLE PRESENT TENSE.

صرف کردن این فعل را در زمان حال ساده بیاموز.

Singer

Simple Present Tense

زمان حال ساده

آواز خواندَن	
Plural	*Singular*
(ما) آواز می خوانیم (We) sing	(من) آواز می خوانَم (I) sing
(شما) آواز می خوانید (You) sing	(تو) آواز می خوانی (You) sing
(آنها) آواز می خوانَند (They) sing	(او- آن) آواز می خوانَد (He/She-It) sings

★ LERAN HOW THIS VERB CONJUGATES ★
in the
SIMPLE PRESENT TENSE.

صرف کردن این فعل را در زمان حال ساده بیاموز.

Simple Present Tense

زمان حال ساده

<div dir="rtl">دُرُست کَردَن</div>	
Plural	*Singular*
(ما) دُرُست می کُنیم (We) make	(من) دُرُست می کُنَم (I) make
(شما) دُرُست می کُنید (You) make	(تو) دُرُست می کُنی (You) make
(آنها) دُرُست می کُنَند (They) make	(او - آن) دُرُست می کُنَد (He/She-It) makes

✏ Choose the correct form of the verb for each sentence and write it in its place.

شکل صحیح هر فعل را برای هر جمله انتخاب کن و در جایش بنویس.

۱- مَن و خواهَرَم دَر حَیاط آدَم بَرفی ______________ .

• دُرُست می کُنَم • دُرُست می کُنَد • دُرُست می کُنیم

۲- مادَرَم هَر سال دَر کُنسِرت ______________ .

• آواز می خوانَد • آواز می خوانَند • آواز می خوانَم

۳- بَچّه ها هَر صُبح دَر کوچه ______________ .

• بازی می کُنَد • بازی می کُنَند • بازی می کُنید

۴- چه کَسی با خواهَرَت ______________ ؟

• آواز می خوانید • آواز می خوانَد • آواز می خوانی

جمله ها را با شکل صحیح فعل ها، در زمان حال ساده کامل کن.

✏ Complete the sentences with the correct form of the verbs in the Simple Present Tense.

۱- نیکی هَمیشه دَر مَدرِسه __________ . (آواز خواندَن)

۲- مَن و دوستَم دَر پارک __________ . (بازی کَردَن)

۳- تو یِک میزِ تازه بَرایِ مَن __________ . (دُرُست کَردَن)

۴- نیکی و دوستانَش دَر مِهمانی ها__________.(آواز خواندَن)

۵- سارا و آریا دَر کوچه، آدَم بَرفی __________.(دُرُست کَردَن)

۶- آیا تو اِمروز با ما دَر خیابان __________ ؟ (بازی کَردَن)

✏️ Write a sentence in the Simple Present Tense for this picture.

برای این تصویر در زمان حال ساده یک جمله بنویس.

. _____

★ LERAN HOW THIS VERB CONJUGATES ★
in the
SIMPLE PAST TENSE.

صرف کردن این فعل را در زمان گذشته ی ساده بیاموز.

Simple Past Tense

زمان گذشته ی ساده

بازی کَردَن	
Plural	*Singular*
(ما) بازی کَردیم (We) played	(من) بازی کَردَم (I) played
(شما) بازی کَردید (You) played	(تو) بازی کَردی (You) played
(آنها) بازی کَردَند (They) played	(او - آن) بازی کَرد (He/She-It) played

✪ LERAN HOW THIS VERB CONJUGATES ✪
in the
SIMPLE PAST TENSE.

صرف کردن این فعل را در زمان گذشته ی ساده بیاموز.

Singer

Simple Past Tense

زمان گذشته ی ساده

آواز خواندَن	
Plural	*Singular*
(ما) آواز خواندیم (We) sang	(من) آواز خواندَم (I) sang
(شما) آواز خواندید (You) sang	(تو)آواز خواندی (You) sang
(آنها) آواز خواندَند (They) sang	(او- آن) آواز خواند (He/She-It) sang

★ LERAN HOW THIS VERB CONJUGATES ★
in the
SIMPLE PAST TENSE.

صرف کردن این فعل را در زمان گذشته ی ساده بیاموز.

Simple Past Tense

زمان گذشته ی ساده

دُرُست کَردَن	
Plural	*Singular*
(ما) دُرُست کَردیم (We) made	(من) دُرُست کَردَم (I) made
(شما) دُرُست کَردید (You) made	(تو) دُرُست کَردی (You) made
(آنها) دُرُست کَردَند (They) made	(او- آن) دُرُست کَرد (He/She-It) made

✏ Choose the correct form of the verb for each sentence and write it in its place.

شکل صحیح هر فعل را برای هر جمله انتخاب کن و در جایش بنویس.

۱- آن پَرَنده تَمامِ شَب رویِ دِرَخت ______________ .

• آواز خواندیم • آواز خواندَند • آواز خواند

۲- مَن و پِدَرَم پَنج شَنبه ی گُذَشته دَر پارک ______________ .

• بازی کَردَم • بازی کَرد • بازی کَردیم

۳- من بَرایِ عَروسَکَم، یِک میزِ کوچَک ______________ .

• دُرُست کَردیم • دُرُست کَردَم • دُرُست کَرد

۴- ما هَمه با هَم ______________ .

• آواز خواندید • آواز خواندید • آواز خواندیم

جمله ها را با شکل صحیح فعل ها، در زمان گذشته ی ساده کامل کن.

✏ Complete the sentences with the correct form of the verbs in the Simple Past Tense.

۱- ما دَر حَیاط، یِک آدَم بَرفیِ بُزُرگ ____________ . (دُرُست کَردَن)

۲- دوستِ نیکی دیروز دَر مَدرِسه ____________ . (آواز خواندَن)

۳- سارا بَرایِ دُختَرَش یِک صَندَلی نو ____________ . (درست کَردَن)

۴- تو دیروز با چه کَسی دَر کوچه توپ ____________ ؟ (بازی کَردَن)

۵- پِدَر و مادَرِ مَن دیشَب دَر مِهمانی ____________ . (آواز خواندَن)

۶- آریا پارسال دَر تیمِ فوتبالِ مَدرِسه ____________ . (بازی کَردَن)

✏️ Write a sentence in the Simple Past Tense for this picture.

برای این تصویر در زمان گذشته‌ی ساده یک جمله بنویس.

 _____ .

✪ LERAN HOW THIS VERB CONJUGATES ✪
in the
SIMPLE FUTURE TENSE.

صرف کردن این فعل را در زمان آینده ی ساده بیاموز.

Simple Future Tense

زمان آینده ی ساده

بازی کَردَن

Plural	Singular
(ما) بازی خواهیم کَرد (We) will play	(من) بازی خواهَم کَرد (I) will play
(شما) بازی خواهید کَرد (You) will play	(تو) بازی خواهی کَرد (You) will play
(آنها) بازی خواهَند کَرد (They) will play	(او- آن) بازی خواهَد کَرد (He/She-It) will play

۱۲۳

✪ LERAN HOW THIS VERB CONJUGATES ✪
in the
SIMPLE FUTURE TENSE.

صرف کردن این فعل را در زمان آینده ی ساده بیاموز.

Singer

Simple Future Tense

زمان آینده ی ساده

آواز خواندَن	
Plural	*Singular*
(ما) آواز خواهیم خواند (We) will sing	(من) آواز خواهَم خواند (I) will sing
(شما) آواز خواهید خواند (You) will sing	(تو) آواز خواهی خواند (You) will sing
(آنها) آواز خواهَند خواند (They) will sing	(او- آن) آواز خواهَد خواند (He/She-It) will sing

✪ LERAN HOW THIS VERB CONJUGATES ✪
in the
SIMPLE FUTURE TENSE.

صرف کردن این فعل را در زمان آینده ی ساده بیاموز.

Simple Future Tense
زمان آینده ی ساده

دُرُست کَردَن	
Plural	*Singular*
(ما) دُرُست خواهیم کَرد (We) will make	(من) دُرُست خواهَم کَرد (I) will make
(شما) دُرُست خواهید کَرد (You) will make	(تو) دُرُست خواهی کَرد (You) will make
(آنها) دُرُست خواهَند کَرد (They) will make	(او-آن)دُرُست خواهَد کَرد (He/She-It) will make

Choose the correct form of the verb for each sentence and write it in its place.

شکل صحیح هر فعل را برای هر جمله انتخاب کن و در جایش بنویس.

۱- دوستانِ من سالِ آیَنده دَر تیمِ فوتبال ________________ .

• بازی خواهَند کَرد • بازی خواهیم کَرد • بازی خواهَم کَرد

۲- شُما فَردا دَر پارک، آدَم بَرفی ________________ .

• دُرُست خواهَند کَرد • دُرُست خواهید کَرد • دُرُست خواهَد کَرد

۳- آن زَن هَفته ی آیَنده دَر کُنسِرت ________________ .

• آواز خواهیم خواند • آواز خواهَد خواند • آواز خواهَم خواند

۴- تو با چه کَسی دَر تیمِ فوتبالِ مَدرِسه ________________ ؟

• بازی خواهَد کَرد • بازی خواهَم کَرد • بازی خواهی کَرد

✏ Complete the sentences with the correct form of the verbs in the Simple Future Tense.

جمله ها را با شکل صحیح فعل ها، در زمان آینده ی ساده کامل کن.

۱- من و آریا سه شَنبه ی دیگر با شُما ____________ . (بازی کَردَن)

۲- سام فَردا بَرایِ سَگَش، یِک خانه ی سَبز ____________.(دُرُست کَردَن)

۳- پَرَنده ها سالِ آیَنده دَر این باغ ____________ . (آواز خواندَن)

۴- تو بَرایِ عَروسَکِ من، یِک میزِ زَرد ____________.(دُرُست کَردَن)

۵- هفته ی آیَنده بَرادَرِ نیما دَر مِهمانی ____________ . (آواز خواندَن)

۶- آیا فَردا آرمان با ما ____________ ؟ (بازی کَردَن)

✏️ Write a sentence in the Simple Future Tense for this picture.

برای این تصویر در زمان آینده ی ساده یک جمله بنویس.

Singer

_____.

Translate each sentence from Persian to English. — هر جمله را از فارسی به انگلیسی ترجمه کن.

۱- تو و نیکی کُجا با دوستانِ تان بازی خواهید کَرد؟

1- _____ ?

۲- مَن دیروز دَر حَیاطِ مَدرِسه یِک آدَم بَرفیِ کوچَک دُرُست کَردَم.

2- _____ .

۳- دوستانِ مَن دیشَب دَر مِهمانیِ مَن آواز خواندَند.

3 - _____ .

۴- بَچّه ها هَر روز دَر خیابان توپ بازی می کُنَند.

4 - _____ .

Translate each sentence from English to Persian. هر جمله را از انگلیسی به فارسی ترجمه کن.

1- My children played in the street last night.

۱- ______________________________________ .

2-Nikki will make a new chair for me tomorrow.

۲- ______________________________________ .

3- The birds sing in the garden every summer.

۳- ______________________________________ .

4- Last week I made a snowman in the yard.

۴- ______________________________________ .

Index of Persian – English Words

فهرست کلمه های فارسی به انگلیسی

آ

hard candy	آب نبات
watering can	آبپاش
blue	آبی
apartment	آپارتمان
snowman	آدم برفی
gently-slowly	آرام آرام
cook	آشپز
kitchen	آشپزخانه
that	آن

ا

room	اتاق
tonight	امشب
this	این

ب

together	با هم
wind	باد
kite	بادبادک
garden	باغ
gardener	باغبان
small garden	باغچه
on top of	بالای
roof	بام
brother	برادر
for	برای
snow	برف
big	بزرگ
ice cream	بستنی
bag – pack	بسته
plate	بشقاب
long – tall	بلند
pansy	بنفشه

پ

last year	پارسال
park	پارک
fall – autumn	پاییز
father	پدر
grandfather	پدربزرگ
bird	پرنده
the day before yesterday	پریروز
the day after tomorrow	پس فردا
boy – son	پسر
stairs	پلّه ها
Thursday	پنج شنبه

ت

summer	تابستان
new	تازه
all	تمام
fast – quickly	تند تند
ball	توپ
net	تور
birthday	تولّد
soccer team	تیم فوتبال

ج

جمعه ی آینده	next Friday

چ

چند بار؟	How many times?
چه؟	What?
چه کسی؟	Who?
چهارشنبه	Wednesday

ح

حیاط	yard

خ

خانواده	family
خانه	house – home
خواهر	sister
خیابان	street

د

داغ	hot
دانه	seed
دختر	girl – daughter
درخت	tree
دریا	sea
دست	hand
دندان	tooth
دو	two
دو روز پیش	two days ago
دوست	friend
دوستان	friends
دوشنبه	Monday
دیروز	yesterday
دیشب	last night
دیوار	wall

ر

رودخانه	river
روز	day
روی	on – over
ریش	beard

ز

زرد	yellow

س

سال آینده	next year
سال دیگر	next year
سبز	green
سرد	cold
سفید	white
سقف	ceiling
سه	three
سگ	dog

three times	سه بار
Tuesday	سه شنبه

ش

night	شب
Saturday	شنبه

ص

soap	صابون
morning	صبح
chair	صندلی

ظ

dish	ظرف

ع

doll	عروسک

غ

food	غذا

ف

tomorrow	فردا

ق

red	قرمز
hook	قلّاب
paint brush	قلم مو

ک

pigeon	کبوتر
Where?	کجا؟
Which?	کدام؟
concert	کنسرت
small	کوچک
alley	کوچه
hand bag	کیف

گ

warm	گرم
flower	گل
jasmine	گل یاس
flower pot	گلدان

ل

clothes	لباس
glass	لیوان

م

mother	مادر
grandmother	مادربزرگ
car	ماشین

ماهی گیر	fisherman		
مدرسه	school		
مرد	man		
مو	hair		
مهمانی	party		
میز	table		
میز تحریر	desk		

ن

نان	bread
نانوایی	bakery
نرده	railing
نقّاش	painter
نو	new
نیمکت	bench

ه

هر بهار	every spring
هر شب	every night
هر هفته	every week
هفته‌ی گذشته	last week
همه	all
همیشه	always
هواپیما	plane

ی

یک	one
یک شنبه	Sunday

کتاب های منتشر شده در نشر بهار
Books Published by Bahar Books

ازمجموعه کمک درسی :
(Activity Book Series)

Let's Learn Persian Words
(Book One)
بیایید کلمه های فارسی بیاموزیم
(تمرین های کمک درسی)
کتاب اوّل
تهیه کننده: نازنین میرصادقی
تعداد صفحات: ۱۱۰

ISBN-13: 978-1939099006

Let's Learn Persian Words
(Book Two)
بیایید کلمه های فارسی بیاموزیم
(تمرین های کمک درسی)
کتاب دوّم
تهیه کننده: نازنین میرصادقی
تعداد صفحات: ۱۳۴

ISBN-13: 978-1939099051

Let's Learn Persian Verbs
بیایید فعل های فارسی بیاموزیم
(تمرین های کمک درسی)
تهیه کننده: نازنین میرصادقی
تعداد صفحات: ۱۳۸

ISBN-13: 978-1939099129

ازمجموعه نوآموز :
(Beginning Readers Series)

Our Earth
(Level 1)
زمین ما
نویسنده: نازنین میرصادقی
تصویرگر: آبتین داوودی

ISBN-13: 978-1939099082

از مجموعه پیش دبستانی:
(Pre-school Series)

Seasons
السّون و بلسّون
سراینده: میمنت میرصادقی ذوالقدر
تصویرگر: آبتین داوودی

ISBN-13: 978-1939099013

Co-operation
کار همه، مال همه
سراینده: میمنت میرصادقی ذوالقدر
تصویرگر: آبتین داوودی

ISBN-13: 978-1939099075

Colors
دست کی بالاست؟
سراینده: میمنت میرصادقی ذوالقدر
تصویرگر: آبتین داوودی

ISBN-13: 978-1939099037

Sea
آقا پایا و کاکایی
سراینده: میمنت میرصادقی ذوالقدر
تصویرگر: آبتین داوودی

ISBN-13: 978-1939099020

Sky
ستاره های نیکی خانم
سراینده: میمنت میرصادقی ذوالقدر
تصویرگر: آبتین داوودی

ISBN-13: 978-1939099044

Friendship with Animals
آقا نیما و کلاغه
سراینده: میمنت میرصادقی ذوالقدر
تصویرگر: آبتین داوودی

ISBN-13: 978-1939099068

سایر کتاب های منتشرشده در نشر بهار :
(Other Publications)

منتخب رباعیات
مولانا جلال الدین محمد بلخی
رومی
ISBN-13: 978-1939099112

منتخب رباعیات
حکیم عمر خیام نیشابوری
ISBN-13: 978-1939099105

100 Common Persian Verbs
Fully Conjugated
Nazanin Mirsadeghi
322 pages
ISBN-13: 978-1939099099

شعرهای یوگا:
خط به خط تا که از هم بگشاییم
سراینده: لیسا لویتس
ترجمه: نازنین میرصادقی
ISBN-13: 978-1463559243